Bear Grylls

荒野求生技能手册

5

XIANJING QIUJIU XINHAO 20 ZHONG

险境求救信号20种

[英] 贝尔 · 格里尔斯 著 邢立达 译

Jieli 接力出版社
Publishing House

Bear Grylls

本套“荒野求生技能手册”专为各位年轻的探险家打造，以确保大家在野外的安全。在野外探索中，掌握在紧急情况下发送求救信号的方法至关重要。在迷路、受伤或陷入困境的时候，能够利用周围的资源求救或许可以救你的命。掌握这些重要的技巧之后，你就可以出发去冒险了！

Bear

目录

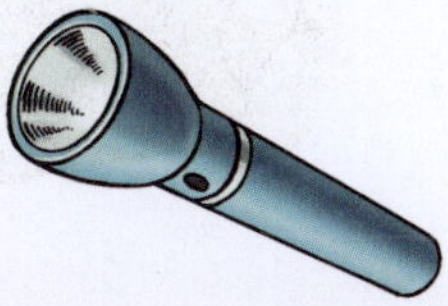

入门知识

发送信号可以让你和别人进行短距离或长距离交流。发送信号学习起来很有意思，也非常实用，同时也是事关生死的生存技巧。在紧急情况下，它或许能救你的命。

求救信号

本书将介绍探险者、生存专家和所有户外活动爱好者所用的求救信号。利用这些知识，你可以在危难之际寻求救援，这在你受伤、迷路、受困于恶劣天气或从坠机等灾难中幸存下来时至关重要。

求救信号的主要类型

求救信号有两大类：视觉信号和声音信号。它们利用了人类的两大感觉：视觉和听觉。视觉信号包括闪光、旗语、手势和身体姿势、手写便条和短信。声音信号包括哨声、电话和无线电通话。

旗帜

手写便条

地图

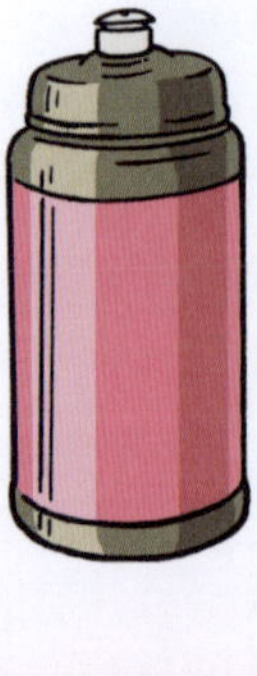

闪光灯

正确的着装

求救信号需要在开阔地带发出。不论是哪种户外旅行或探险，正确的衣服和设备都十分重要。多穿或多带几件衣服，以便在冷热变化的时候穿脱。还要带上防风衣，以防风雨。

饮食

防晒霜

手表

手套

急救包

温暖的帽子

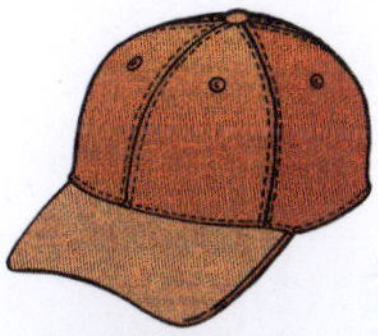
遮阳帽

徒步靴或徒步鞋

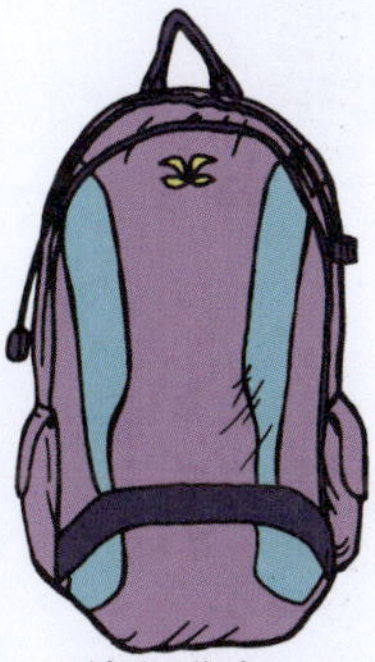
旅行背包

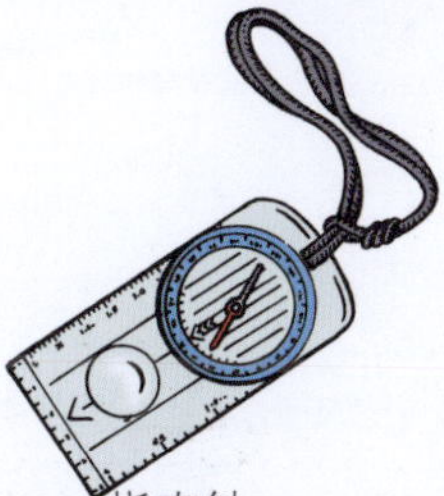
指南针

贝尔的话

在探险开始之前，告诉大人你要去哪里和准备什么时候回家。如果你太晚没有回家，就会引起大人的警觉。

发信工具

即使没有华丽的装备，你也可以学习基本的发信方法。先从简单的物品开始，再慢慢按需加入更多工具。虽然有些发信工具的科技含量很高，但是也有便宜的普通工具或简易工具。

基础发信工具

这类物品对野外生存非常重要。户外活动的时候一定要随身携带。

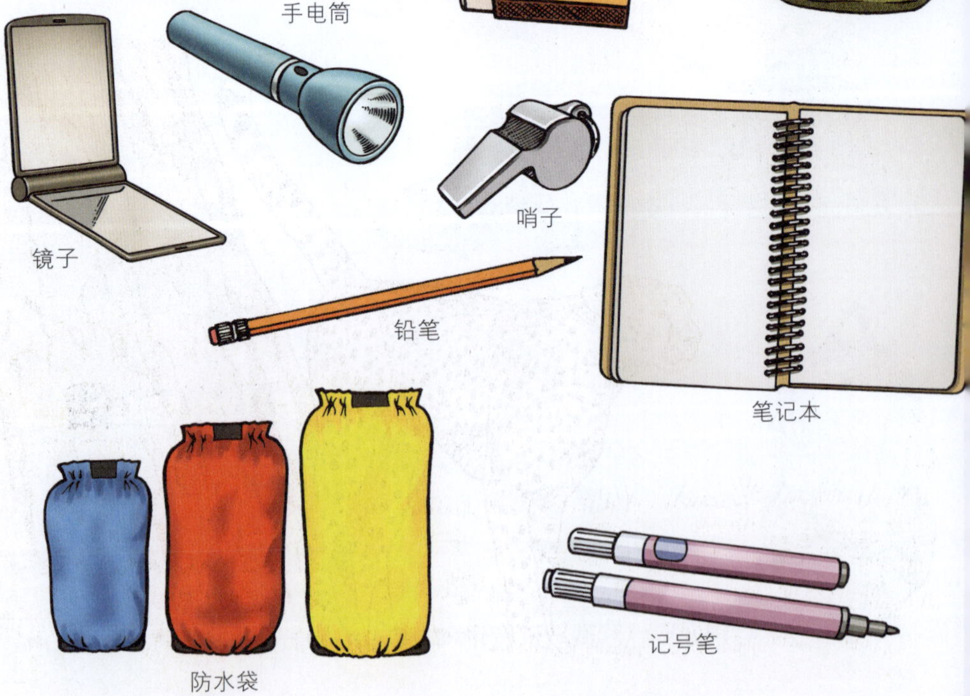

高级发信工具包

发信工具包里也可以纳入专业用品。

日光信号镜——专业的日光反射发信镜

用来生火的打火棒和钢片

可以用来标记路线的彩色缎带

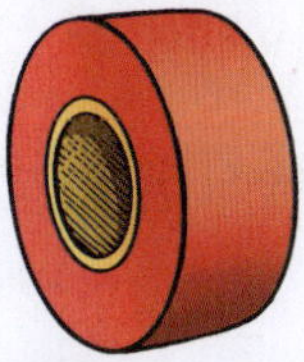

信号弹
（详见第27页）

用于地对空发信的荧光标记板

无线电发信器

人员定位信标
（详见第41页）

用来观察远处信号的望远镜

大部分地区都可以使用的卫星电话

更大 更鲜艳 与众不同

发送信号就是为了引起别人的注意，所以要让信号非常显眼。遇险信号可以在紧急事件中告知救援人员你需要帮助。

吸引注意力的关键是：更大、更鲜艳、与众不同。

更大：人类与广阔的野外环境相比非常渺小，想引起别人的注意就要让你的信号标志尽可能大。

更鲜艳：颜色鲜艳的衣服、闪光、信号弹和火焰在野外都很明显。

与众不同：衣服和带直线的人造物品都与自然环境格格不入。看起来不太对劲的东西也能引人注意，比如上下颠倒的旗帜或敞开的汽车后备厢。

遇险信号

危难之中可以用遇险信号求救。救援者会冒着生命危险来回应遇险信号。使用这类信号要非常慎重，切勿滥用。

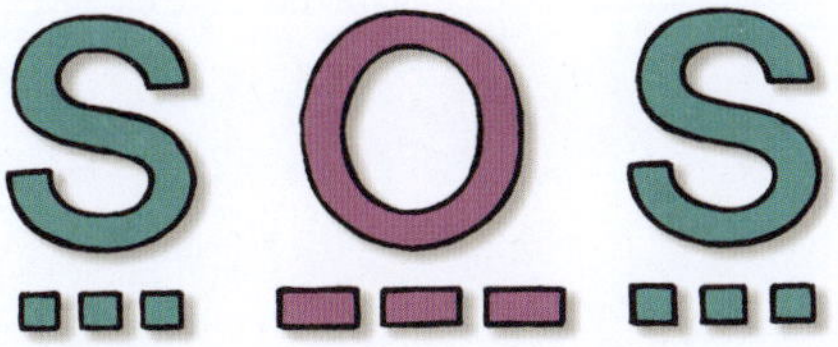

SOS

SOS 是国际通用的遇险信号，原本是航海专用的信号，但现在在很多领域广为使用。SOS 既可以用英文字母表示，也可以用莫尔斯码发送（详见第 22—23 页）。

Mayday

这个遇险信号本来是飞行员使用的无线电求救信号，源自法语的“m′aider”（救救我）。发信时要重复三次。

表示危险的“三”

重复三次的信号都是国际通用的遇险信号，比如三声哨响、三次闪光，或者三堆排列成直线或三角形的篝火。

贝尔的话

你发出的信号可能要过一段时间才会被人发现。在发出三个为一组的信号时，各组之间要间隔一分钟。

手势信号

士兵们在执行任务时会使用手势信号。想在野外和朋友们无声交流的话，手势信号是个非常有趣的办法。穿过林地和开阔地带的时候，使用手势信号可以避免引起注意。

首先和朋友们学习手势的用法，确保使用者都明白手势的意义，练习如何给出明确、清晰的信号。使用者也可以发明自己独有的手势。

贝尔的话

在追踪野生动物的时候使用手势信号，必须动作轻缓，任何突然的举动都会惊吓到野生动物。

移动信号

过来

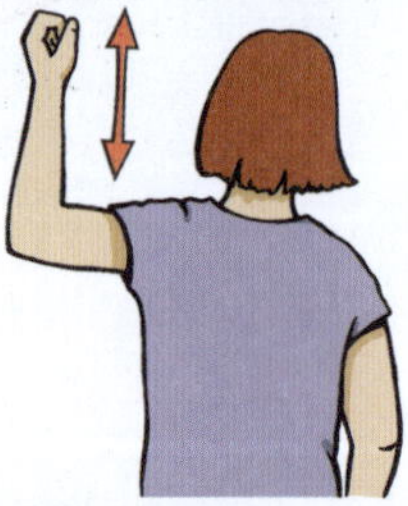

赶快

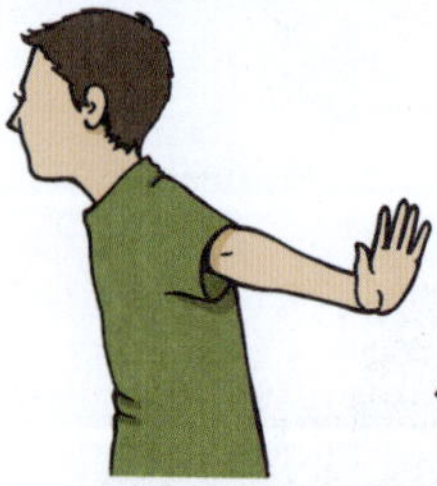

停下

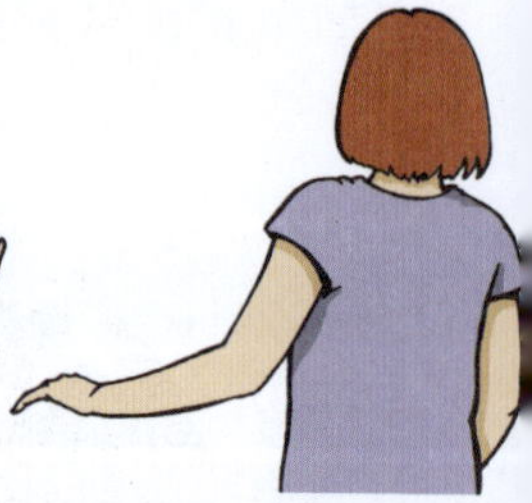

障碍物

在这里会合

到这里来

稍等

动作信号

听

看

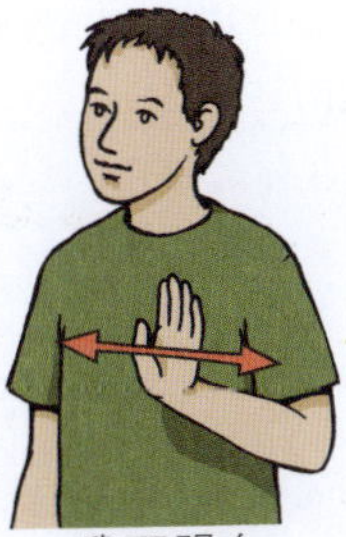

我不明白

掩护我

我明白了

突破

数字信号

1

2

3

4

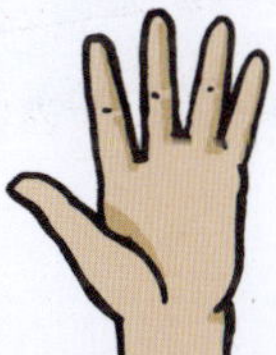

5

6

7

8

9

10

使用天然材料

岩石、卵石和树枝等天然材料可以拼出文字，制作各种视觉标志。你也可以在雪地、泥土或沙地上写字。

选择地点

选择正确的发信地点非常重要。在什么地方发出信号，取决于你想让人们从空中还是从地面看到信号。

合适的地点

1. 可以让飞行员从各个方向看到的开阔山顶或山脊。
2. 在陡坡上发出的信号可以引起下方人员的注意。
3. 树林里的空地可以从空中看到。
4. 开阔的草地可以从空中或地势更高处看到。

收集材料

就地取材，选择合适的材料。可以使用比较大的石头、树枝、原木，或者沙滩上的海藻、卵石。把收集到的材料搬到你选好的发信地点。

清理场地

清理石块等地面杂物，它们会分散观察者的注意力或让对方感到疑惑。

加大尺寸

字母要尽量大，长度至少是宽度的三倍。而且每个字母至少长 10 米、宽 3 米，字母之间的间隔也至少达到 3 米，这样才能让人在空中看得明白。

贝尔的话

离开发信地点的时候，必须留下指示移动方向的箭头。

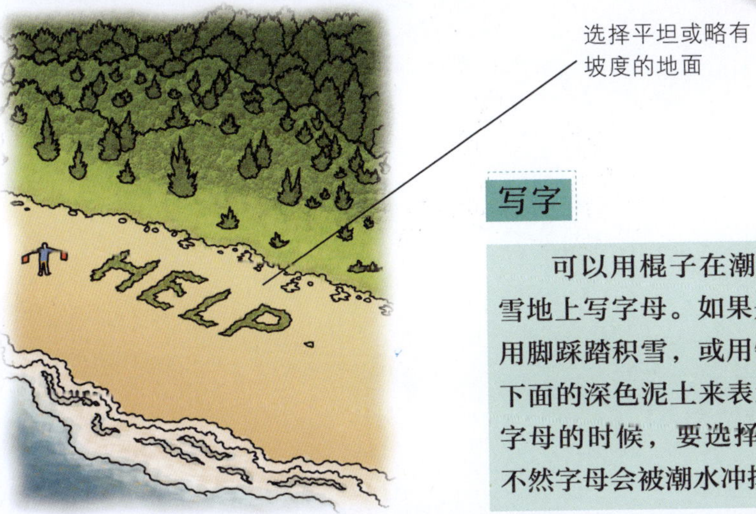

写字

可以用棍子在潮湿的沙地或者泥土、雪地上写字母。如果是在雪地上，你可以用脚踩踏积雪，或用铲子铲开积雪，露出下面的深色泥土来表示字母。在海滩上写字母的时候，要选择高潮线上方的位置，不然字母会被潮水冲掉。

用颜色发信

鲜艳的颜色很容易引起人们的注意。在危急之中，鲜艳的旗帜或衣服可以吸引救援人员甚至过路者的注意。

制作旗帜

把颜色鲜艳的衣服、救生毯、睡袋或救生衣系在棍子上就能做成一面旗帜。看到救援者的时候，可以将旗帜举过头顶挥舞。

制作稻草人

在用棍子做的十字架上套一件 T 恤就能做成稻草人。还记得吸引注意力的关键吗？更大、更鲜艳、与众不同。这种信号就相当显眼。

信号树

出现紧急情况时，可以撕碎救生毯，把碎条系在树上当作信号。

贝尔的话

紧急情况解决之后，一定要撤除所有遇险信号。要记住，为了拯救你，救援人员会面临险境。

彩色缎带

这种缎带可以系在树上或灌木上来引起别人注意或标示你行走的路线，还可以用记号笔在上面写字。

标记染料

一些救生包会配备几袋标记染料。这种有颜色的粉末撒在水上，可以制造出明显的信号，在雪地和沙地上也可以使用。

特殊图案和阴影

图案、阴影和轮廓都可以用来发送视觉信号。记住，直线和锐角在自然环境中极为显眼。

制造阴影

晴天里可以利用阴影拼出文字。把积雪、沙或泥土堆砌起来投射文字的阴影。这种堆砌物至少要有 0.3 米高，挖壕沟来做标记，效果更好。

也可以用树枝或石头堆成文字，但是轮廓要特别清晰才能使人容易明白阴影的意义。

堆石标志

堆石标志可以用来保存书面信息。把纸条放进塑料袋，再把塑料袋压在石堆最上面的石头下。

因纽特石堆

北极的因纽特人会用人形石堆来标记路线和放牧驯鹿，这种石堆被称为“因纽苏克”（inuksuk）。

轮廓

山脊上不寻常的轮廓很惹人注意。堆建一个堆石标志，可以吸引别人的注意或标记你选择的路线。

标记布

一些救生包里配备有标记布，即大块的方形织物或帆布，正面和反面颜色不同。人工制造的规则图案在自然环境中十分醒目。按右侧图示折叠标记布就可以传递各种信息。

临时标记布

用帐篷和防潮布，或者用睡袋和救生毯可以制作临时的标记布。

贝尔的话

如果你对遇险呼叫有所了解，又注意到了别人没有发现的遇险信号，那就有可能救人一命。

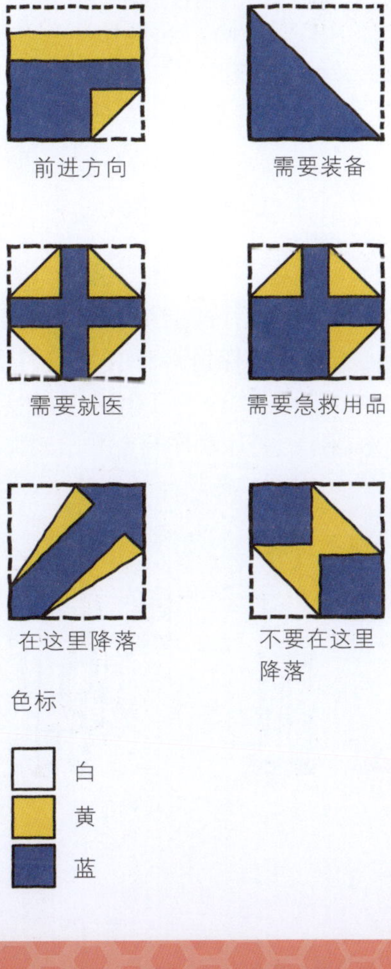

旗语

旗语是使用旗帜拼出文字的发信系统，曾在航海中广泛使用，今天也依然发挥着作用。

简易旗帜

制作简易旗帜时，应使用颜色鲜艳的布料或衣物。把布料绑在或缝在棍子上可以让信号更显眼。红色和黄色在海上很显眼，而蓝色和白色在陆地上会引人注目。

发送旗语

和朋友在开阔的地方练习旗语。每个动作至少要保持 6 秒。计秒时慢慢说“1001，1002……1006”，然后做下一个动作，要让动作改变非常明显。

接收信号

利用望远镜可以观察远处的旗语等信号。接收旗语的时候画下对方手臂的动作。等对方发信完毕后，整理出接收到的信息。

A B C

D E F G H I J K L M N O P

Q R S T U V

W X Y Z

取消 准备发送数字

贝尔的话

每只手都拿一面旗帜，伸直双臂。每条手臂都有八个可以选择的位置。

路标

童子军会使用路标来标记路线以及联络后面的同伴。在紧急情况下，路标还能让救援者了解你的前进方向。

练习标记路线

和朋友一起磨炼生存技巧，轮流设置路标和追踪路标。你们也可以发明只有自己的团队才明白的专有路标。

贝尔的话

在不熟悉的地方徒步旅行时，标记路线非常有用。当你想要返回或是迷路的时候，只要跟随路标就能找到来路。

设置路标

你可以用树枝、石头或草束制作路标，也可以在泥土或沙地上画出标记。路标之间的间隔要均匀，所有可能让后面的同伴不知如何选择道路的地方都要留下标记。

走这边

回家

左转/右转

继续直走

这边十步开外的地方留有消息

不要走这条路

前方有水

这边留有消息

这边留有消息（障碍物之后）

分头行动

莫尔斯码

莫尔斯码是由长（短线）短（点）信号组成的国际通用电码，于19世纪30年代问世，得名于发明了电报机的美国发明家塞缪尔·莫尔斯。

莫尔斯码的工作原理

点和短线的不同组合代表着不同的数字和字母。将字母串联起来就能组成单词和句子。

莫尔斯码可以用烟雾、旗语或闪光等视觉信号发送，也可以用哨声或无线电哔哔声等听觉信号发送。

发送莫尔斯码

和朋友一起练习莫尔斯码的发送和接收。发送的信息要尽量简短。先写下信息并查找电码。

慢慢发送信号，尽量让信号清楚一些。每个字母后都要稍加停顿，单词之间要有更长的停顿。

A	● ▬
B	▬ ● ● ●
C	▬ ● ▬ ●
D	▬ ● ●
E	●
F	● ● ▬ ●
G	▬ ▬ ●
H	● ● ● ●
I	● ●
J	● ▬ ▬ ▬
K	▬ ● ▬
L	● ▬ ● ●
M	▬ ▬
N	▬ ●
O	▬ ▬ ▬
P	● ▬ ▬ ●
Q	▬ ▬ ● ▬
R	● ▬ ●
S	● ● ●
T	▬
U	● ● ▬
V	● ● ● ▬
W	● ▬ ▬
X	▬ ● ● ▬
Y	▬ ● ▬ ▬
Z	▬ ▬ ● ●
1	● ▬ ▬ ▬ ▬
2	● ● ▬ ▬ ▬
3	● ● ● ▬ ▬
4	● ● ● ● ▬
5	● ● ● ● ●
6	▬ ● ● ● ●
7	▬ ▬ ● ● ●
8	▬ ▬ ▬ ● ●
9	▬ ▬ ▬ ▬ ●
10	▬ ▬ ▬ ▬ ▬

接收

接收信息的时候写下每个字母的电码，等信号停止发送之后，再译出信息内容。

旗语莫尔斯码

你也可以用旗帜或绑在棍子上的布料发送莫尔斯码。将旗帜竖直举起，向右挥动表示点，向左挥动表示短线。短线的动作要稍长于点的动作。向远处发信息时，以“8”字形左右挥动旗帜。向近处发信息的时候，动作就不需要这么大了。

贝尔的话

莫尔斯码里的SOS是三个点，三条短线，再三个点。这个信号很容易记忆，而且可能会在紧要关头救你的命。

镜子

镜子可以反射阳光，你可以利用这一点发送闪光信号，并让远处的人看到。镜子也可以用来发送莫尔斯码。

简易镜子

利用一面手镜就可以发送信号。没有镜子的时候，也可以用其他锃亮的物品来反射阳光。

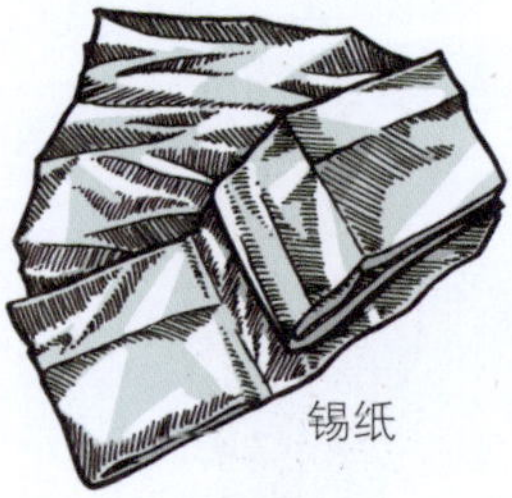

锡纸

CD光盘

锡杯或锡盘

玻璃碎片

和朋友练习用手镜发送和接收莫尔斯码。这个过程虽然并不轻松，但熟能生巧。

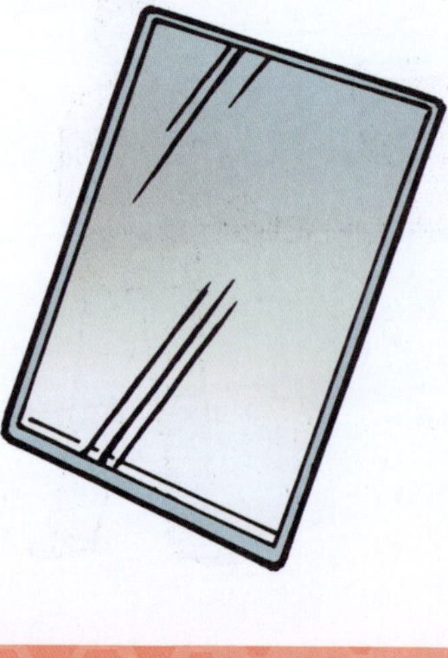

贝尔的话

用闪光照向飞机的时候要不断小幅度移动镜子，这样既能引起飞行员的注意，也可以避免强光晃花他们的眼睛。

给飞机发送信号

在紧急情况下，可以用镜子给飞机发送信号。这种方法虽然不难，但只能在晴天使用。

1. 将镜子举到肩膀高度，并对准太阳。

2. 将另一只手伸出，竖起两根手指，掌心向内。从两根手指之间观察飞机（或其他目标）。

3. 倾斜镜子，直到反射的光落到手指上。

4. 放下伸出的手，镜子的角度保持不变，让闪光落到飞机上。

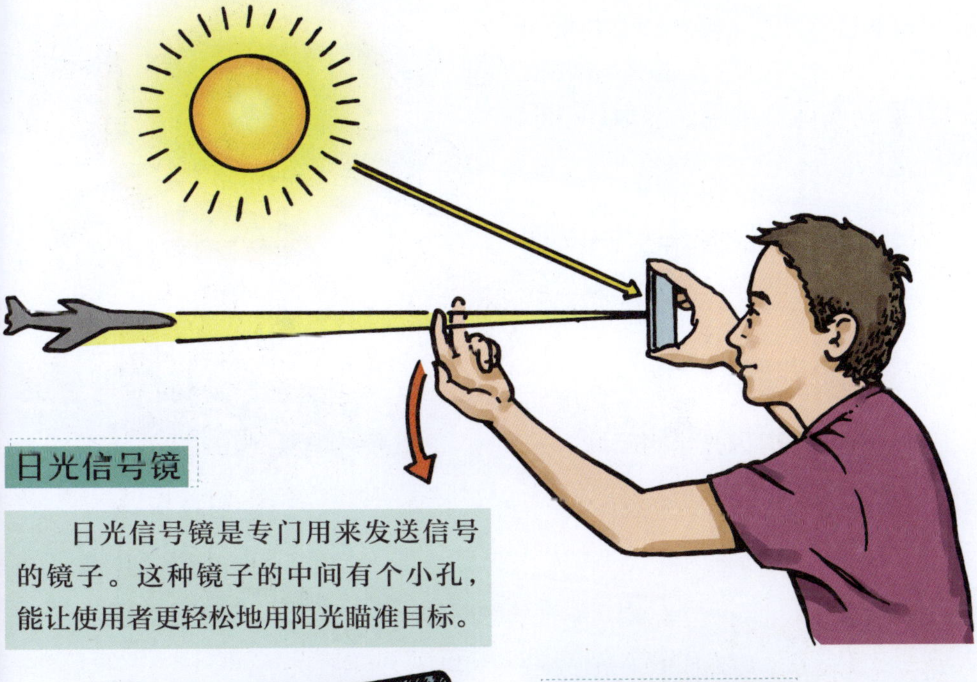

日光信号镜

日光信号镜是专门用来发送信号的镜子。这种镜子的中间有个小孔，能让使用者更轻松地用阳光瞄准目标。

使用日光信号镜

将镜子举到面前，从孔洞里观察飞机。在镜子背后可以看到阳光穿过孔洞投在你脸上的光点的像。倾斜镜子，直到在你通过小孔看着飞机的同时，光点的像消失在小孔中。

闪光和信号弹

前文介绍的发信方法主要在白天使用。而手电筒可以在黑暗中发送信号，信号弹更是无论白天还是夜晚，随时可以使用。

闪光

可以通过不断开关手电筒制造的闪光来引起人们的注意或发送莫尔斯码。频闪灯可以通过自动闪光来引起人们注意。

救援队进入视线之后，将手电筒绑在树枝上举过头顶挥舞，会很引人注目。

表示危险的“三”

三支手电筒同时闪光是明确的遇险信号。

旋转荧光棒

将荧光棒拴在一根木棒上，然后将它旋转起来，制造出醒目的光圈。

节约电池

在紧急情况下，要有间隔地发信，以节约手电筒的电池电量。

信号弹

手持信号弹可以制造出在数千米外都能看到的强光或有色烟雾，分为两大类：枪射信号弹和火箭式信号弹。注意：信号弹非常危险，使用时要格外小心。

信号弹的保存

信号弹要保持干燥，远离营火。每次只能从盒子里取出一枚信号弹，并关好盒盖。

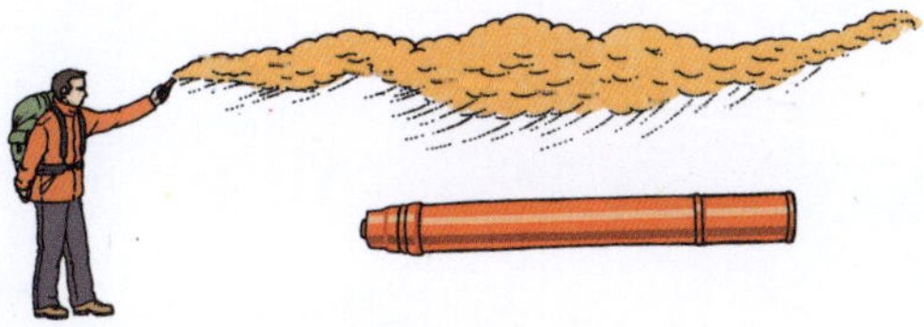

使用火箭式信号弹

信号弹的温度会很高，所以有条件的时候，要戴上手套使用。使用火箭式信号弹前要认真阅读使用说明。手持信号弹并伸直手臂，将信号弹向上倾斜 75 度，不要直立向上，以免燃烧的残渣落到身上或营地里。按照说明书点燃信号弹。

贝尔的话

要在各个方向都能看到的开阔地带使用信号弹，而且不能将信号弹指向任何人。

警告

很多信号弹落地之后仍在燃烧。燃烧的残渣可以瞬间烧穿充气式救生筏。在极端干燥的地方不能使用信号弹，以免引起火灾。

火焰信号

火焰和烟雾在日间和夜间都可以被人看到。几个世纪以来，人们常常在危机中点燃烟火，发出信号。

生火的地方

选择在平地上有遮蔽的地方放置火堆。可能的话用青树枝（刚砍下来还充满树汁的枝条）搭建一个平台，以隔绝火焰和地面。可以在火堆周围用大原木或石头建造防风墙。

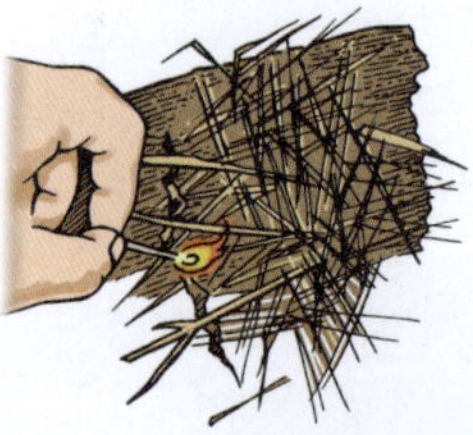

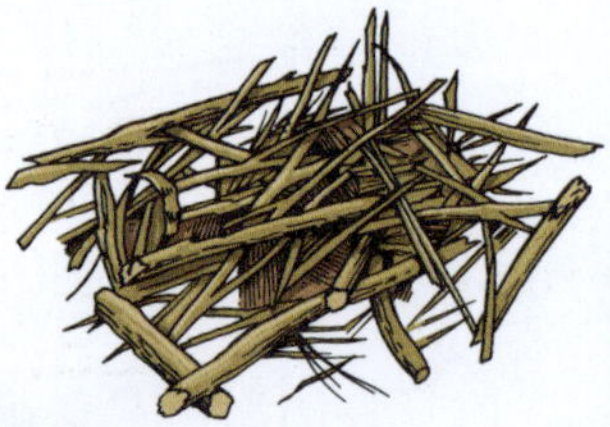

搭建锥形火堆

锥形火堆可以在发现救援人员时被迅速点燃。在火堆中间放一团火绒，并在上面堆放引火物。引火物上放置一些燃料，使火堆形成金字塔形。

点火方法

最简单的办法就是使用火柴、打火机或打火棒与钢片套件。用钢片摩擦打火棒，可以打出火花。如果什么工具都没有，可以用放大镜或远视眼镜将阳光聚在火绒上点火。

远视眼镜

对着火种轻轻吹气引出火焰，燃料要逐渐添加，以免压灭火焰。

打火棒和钢片

火柴

放大镜

打火机

贝尔的话

点火时，尽量将火星或火花对准火绒。如果有风，可以用身体挡风，并用双手围拢火焰。

警告

火十分危险，必须小心谨慎。生火的时候必须有大人监督。手边要准备好一桶水或沙子，以便在需要的时候灭火。

搭建锥形火堆

这种技术可以在旷野上或林地里生起显眼的信号火焰。

需要的工具包括：绳子、小刀和各种大小的青树枝。

1. 将三根长直枝条的一头削尖。用绳子（也可以用细线或钢丝）将枝条没有削尖的一头松散地捆在一起。

2. 将削尖的一头呈三脚架状支开，并将尖头插进地里。

3. 在距离三脚架底部约 15 厘米的地方绑三根短树枝，形成一个三角形。

4. 在三角形上放置一些更短的直树枝，形成一个平台。

5. 在平台上搭建火堆，并在上面堆放一些青树枝。要在中间留出空隙，以便在发现救援队接近时点燃火绒。

贝尔的话

离开之前，要确保火堆被彻底扑灭。即使是最微小的火星都可以引起灾难性的大火，让你和其他人都陷入危险。

SOS

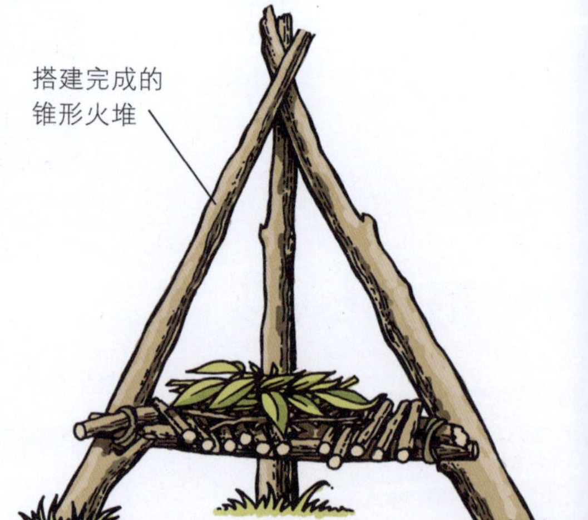

排成一列或摆放成三角形的三堆火是明确的遇险信号。

烟雾信号

烟雾可以当作求救信号。用衣物扇动烟雾和火焰也能发出SOS信号。

烟火木筏

密林或雨林会阻挡火光和烟雾，而河流、池塘和湖泊提供了可以让人看到火焰的开阔环境，所以放置烟火信号的最佳地点是水上的木筏。

收集一些直挺的树枝或竹竿，用绳子将它们交叉地绑在一起，如下图所示。把木筏拴在两岸的固定物上，并在上面放置火堆。

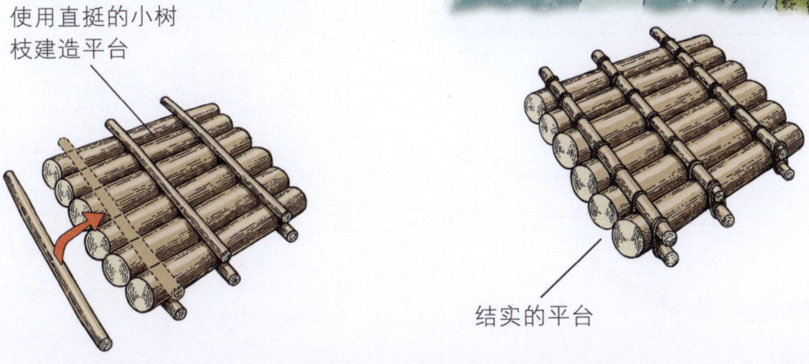

地对空代码

地对空代码是在紧急情况下对飞机发送的一种信号。这种信号可以使用天然材料发送。

收集材料

岩石、树枝、河滩上的卵石或者一些闪亮的物品，都可以用来制作信号标志。你也可以在泥地、沙地和雪地上书写代码。

地对空代码非常有用，因为它可以明确告知飞行员你是需要救援，还是需要空投补给。

清理场地

要在空地、山顶或山脊上设置信号标志，须清理掉树枝和石头等可能会扰乱信号的杂物。使用天然材料的时候一定要确保它们与背景对比强烈。信号标志要尽量大而清晰，长度应该是宽度的五六倍。

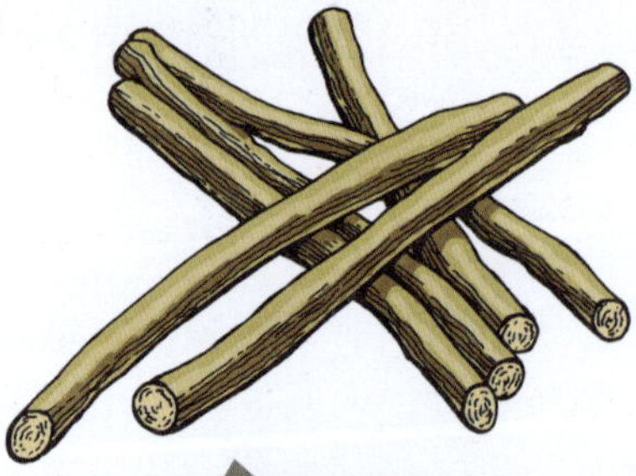

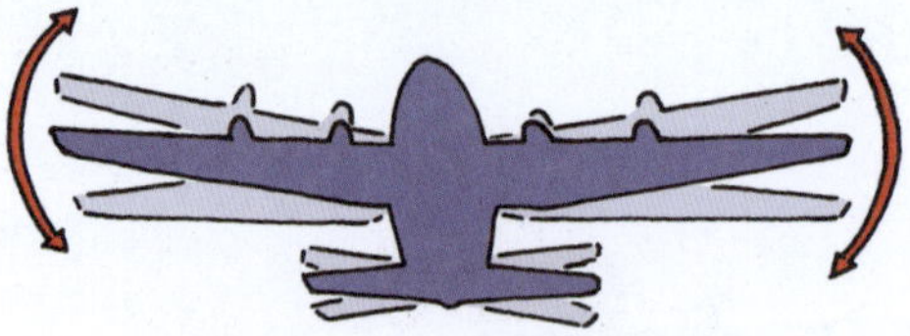

空对地代码：收到信息，已理解

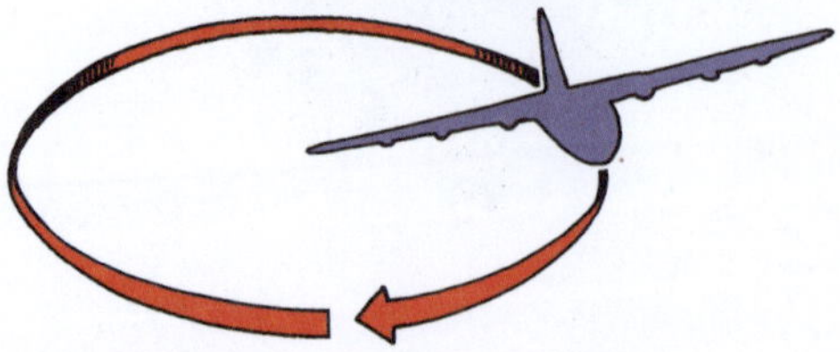

空对地代码：收到信息，但未理解

贝尔的话

可以用FILL一词来记忆最重要的三个代码：需要食物与水（F）、重伤（I）和安然无恙（LL）。

需要医生——重伤

需要指南针和地图

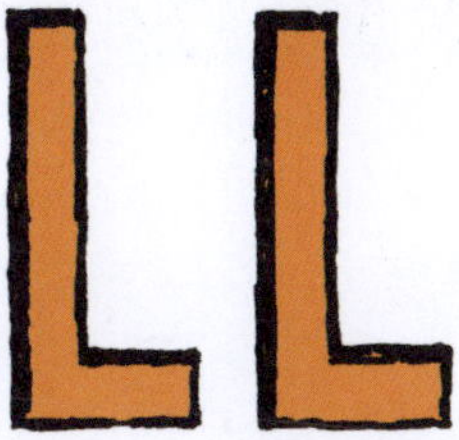

安然无恙

需要医疗用品

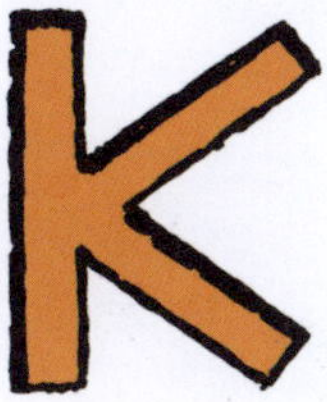

走这边

不

无法继续前进

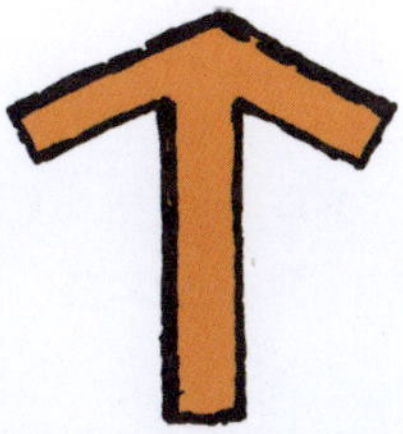

正在沿此方向前进

是

需要食物与水

这里或许可以安全降落

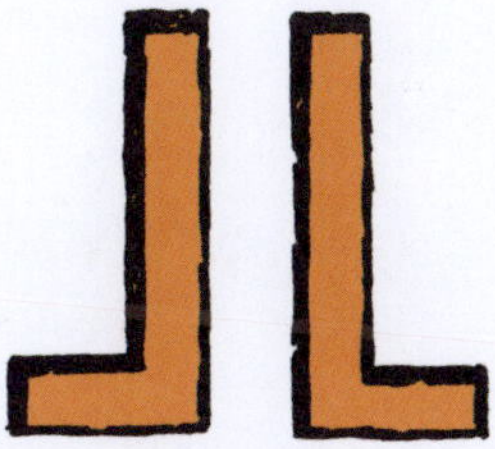

不明白

肢体信号

肢体信号也可以从地面向飞机发送。在紧急情况下，这种信号还可以引导直升机降落。

地面信号

在紧急事件中，最先到达的外界救援很可能是搜救飞机。学会标准发信动作才能利用好这个机会。你可以使用物品和自己的肢体来寻求救助。

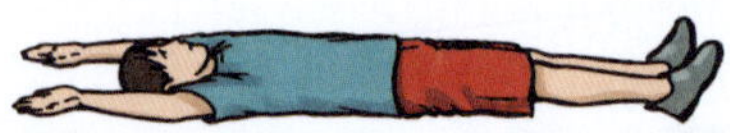

动作说明

1. 需要医疗救援
2. 请投信
3. 不
4. 是
5. 不要降落
6. 在这里降落
7. 一切妥当，无须等待
8. 来接我们
9. 需要救援机械
10. 可以无线电通信
11. 等等，我稍后继续

准备直升机降落区

寻找一片长宽至少达到 40 米的场地，地面必须非常平坦。清理掉岩石和树枝等杂物，以及硬纸板、纸片和塑料等会被吹飞的东西。

贝尔的话

身体动作尽量大一些。注意有些地方位于飞机的侧面。使用衣服让“是”和“否”的信号更明确。

注意

小心直升机的螺旋桨和强大的向下气流。从前面接近直升机，绝对不能从后面靠近。

声音信号

人类的声音无法传到远处，而且长时间喊叫会让人声音嘶哑。鼓和哨子等工具可以产生能够远距离传递的巨大响声。

发出声音的工具

下面是产生声音信号的一些常见方式。

敲击两个物品

大喊

汽车喇叭

发令枪

简易工具

用棍子敲击空心原木或金属片，可以充当一个简易的鼓。也可以用棍子或勺子敲击金属杯或金属盘。两根干燥的硬木棒可以当作响棒使用，它们互相敲击时可以发出响亮的咔嗒声。

贝尔的话

哨子可以让团队成员相互保持联系，在穿过大雾或森林的时候都可以使用。使用者可以编制自己的专有信号。

哨子

吹哨子比大喊大叫轻松得多，而且声音也传得更远。三声或六声哨响就是求救信号。也可以吹出莫尔斯码：三短，三长，再三短。

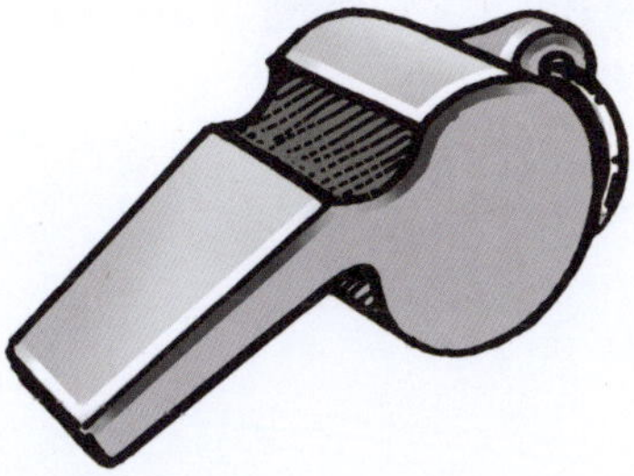

叶笛

将一片草叶放在两个拇指之间，双手姿势如左图所示。拉紧叶片，噘起嘴唇，向拇指之间吹气。

指哨

1 抿嘴唇。嘴唇要完全遮盖住牙齿，但要保持放松。

2 在嘴唇间放两根手指，伸入至第一指节，指尖朝向喉咙。

3 将舌头平放在口腔底部，距牙龈 1 厘米以内。

4 用力从舌头和下唇上方向手指间吹气，使得气流通过舌头上方和下嘴唇。调整嘴唇和手指的位置，直至发出哨响。

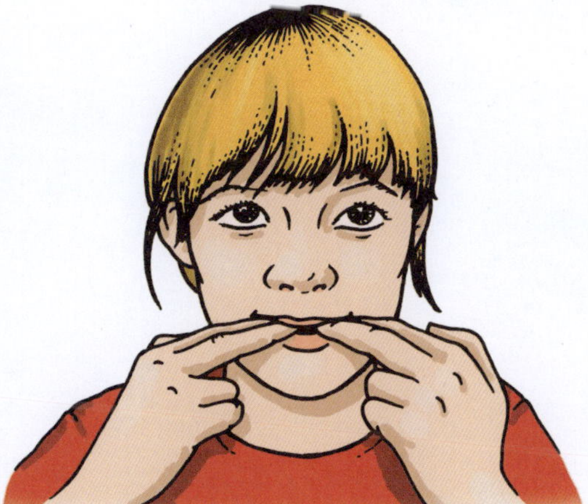

制作木哨

用接骨木或竹子给自己做一只哨子。哨子的制作和使用都很简单、有趣，而且还能在危急之中救你一命。

所需材料：一把小刀、一段竹子或接骨木（或有木髓的其他木料）以及略细一些的木条。

① 切一段笔直的接骨木或竹子，粗细和手指相近。

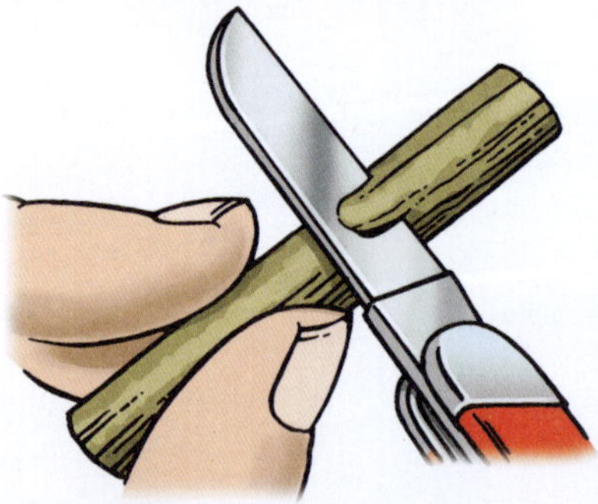

② 切下一段和手指等长的木条，剥掉树皮，用细木条推出木髓。

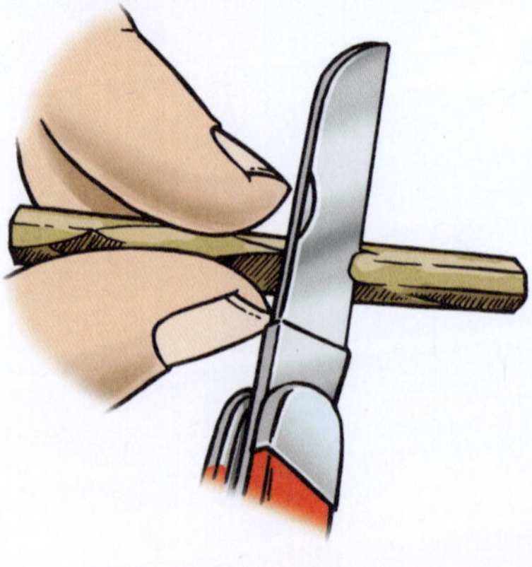

③ 在距一端约 2 厘米的地方做一个 45 度角的切口。

❹ 切一段略粗于中间孔洞的直木条，削成刚好可以插进木髓孔的木栓。

❺ 将木栓的一面稍稍削平。将其插进吹口，推到切口位置，让削平的一面对准切口。切掉木栓在吹口外面的多余部分。

❻ 用手指堵住另一头，朝哨子吹气，检验能否发声。可以通过调整木栓来改变声调。

❼ 另取一根没有削平过的木栓堵住另一头，必须保证密封良好。

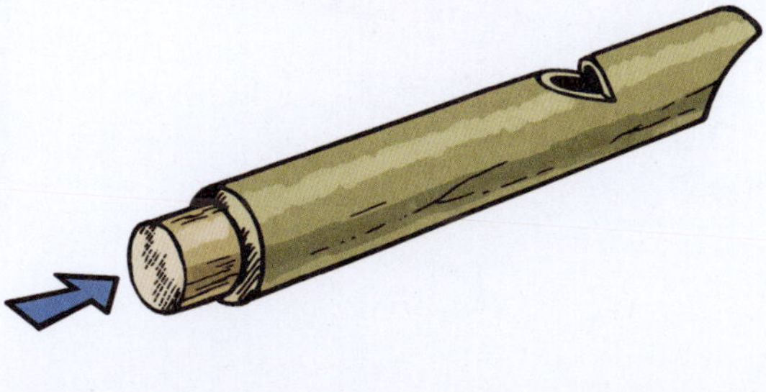

无线电对讲机

无线电对讲机可以让你轻松发送和接收复杂的信息。走入野外之前，先学习一下无线电对讲机的使用方法。对讲机的按钮上可能标注有Key、CW或Tone。

无线电设备

轻便的双向对讲机是和同伴、队友以及营地联系的绝佳工具。探险的时候，可以约定在每天的两个特定时段传送消息。

寻找信号

无线电通信距离限于接收器的视距之内。在丛林和城市里，接收到的信号通常很弱。爬到高处有助于接收或增强信号。

发信的准备工作

1. 竖起天线，与地面垂直，以便获得最佳信号。不要让天线指向身体、衣服或地面。

2. 通过说话或查看按钮检查话筒是否打开。想好要说的话，并将对讲机调到需要的频率。

贝尔的话

接收信号不佳时，可以用长短声音来发送SOS信号。SOS是三声短声，三声长声，再三声短声。

SOS

传送消息

让话筒和嘴保持 10 厘米的距离，缓慢而清晰地说话。紧急情况下重复“mayday， mayday”。说明自己的姓名、位置、事故情况和受困人数。说完后以“完毕”结尾并等待回应。

国际呼救频率

甚高频无线电：频道 16
民用波段无线电：频道 9
家庭无线电服务（特高频）：频道 1
业余无线电：2182 kHz，14.300 MHz，14.313 MHz
航空波段无线电：121.5 MHz，243 MHz
特高频无线电（澳大利亚）：频道 45

人员定位信标

人员定位信标是类似手持无线电对讲机的小型设备。在紧急情况下启动该设备，就能向卫星发出包含发信人位置的遇险信号。随后，地面接收站将信号转发给搜救中心，搜救中心收到信号后就会派出救援队。

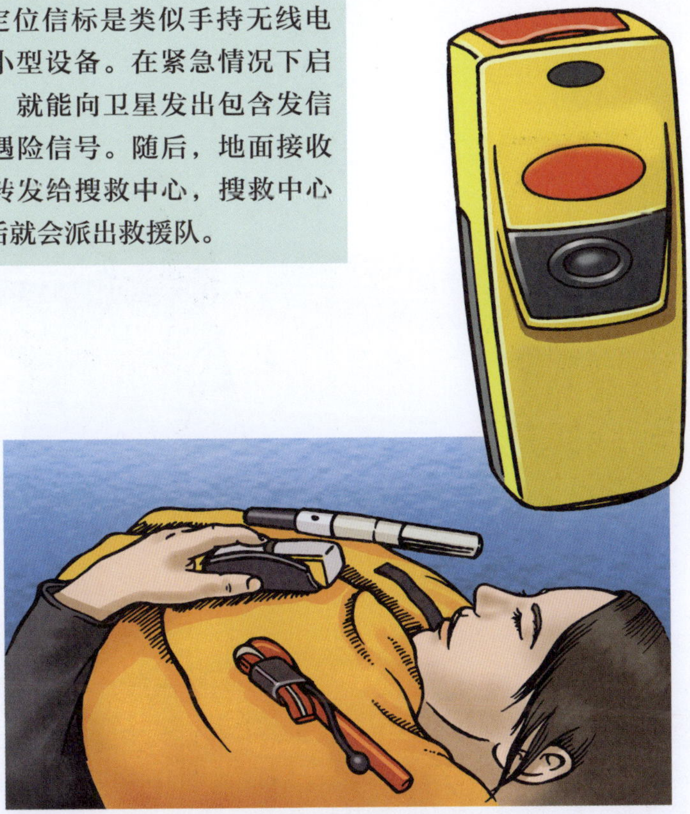

手机

只要有信号，手机和卫星电话就是最便捷的通信方式。节约电量或及时充电对于这种通信方式至关重要。

普通手机和智能手机

手机可以让你一边行动，一边和人通话或发短信。受伤或迷路的时候，你可以给所在地点或伤口拍照并发送给同伴。智能手机还可以上网，下载地图或 GPS 应用之后就能显示你的确切位置。

寻找信号

和无线电对讲机类似，手机只能在通信基站的视距之内使用。在山丘、峡谷或在偏远地带，手机都可能无法使用。往高处走信号可能会增强。信号太弱的时候，可以发短信代替打电话。

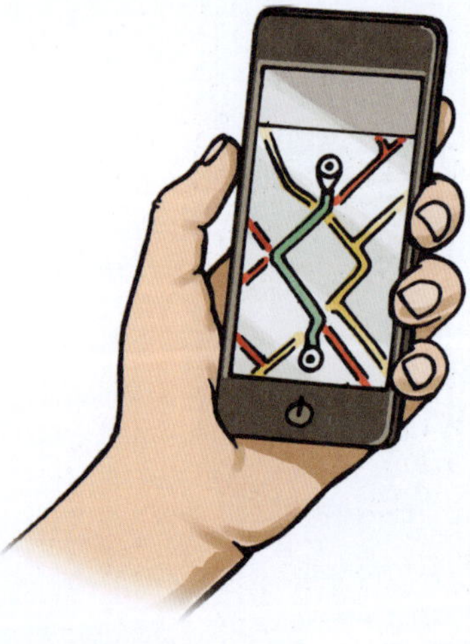

没有信号?

如果没有信号但手机电量满格，可以发送短信并在行动中保持开机，一旦你进入有信号的区域，短信就会自动发出。没有信号而且手机电量很低的时候，暂时关机，到达山顶等可能有信号的地方后，再开机发短信。

卫星电话

利用卫星电话，可以在任何地方通过卫星打电话和发短信。生存专家需要在野外工作，所以要使用卫星电话。

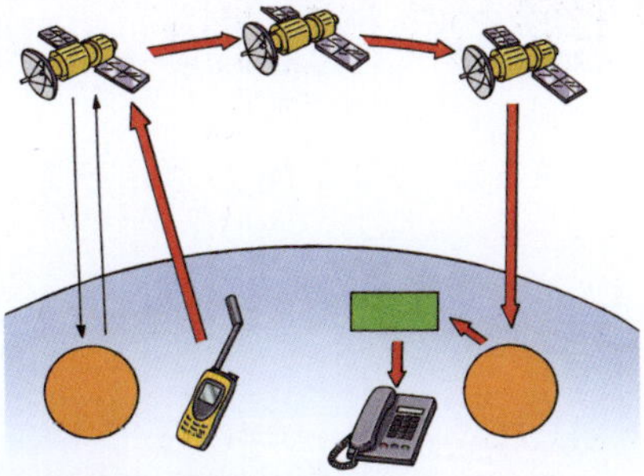

电池的保存

对讲机、手机和卫星电话都需要使用电池，而电池需要保持温暖、干燥。在寒冷的天气里，可以将电池放在贴身的小袋里保持温暖。不使用设备的时候，要将其关闭。可以买一个太阳能充电器，以便在没有电源的时候给手机充电。

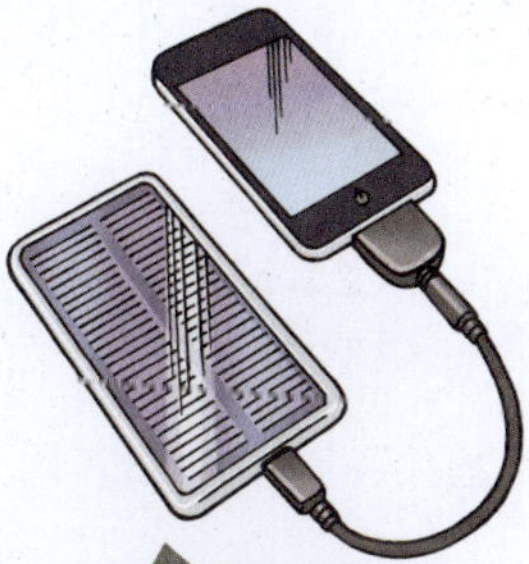

国际报警电话号码

只有处在真正的危机之中，才能拨打这些号码。准备好说明自己的名字、位置和紧急情况。

911	美国、加拿大、墨西哥
112	英国之外的欧洲国家、新西兰和印度
999	英国
000	澳大利亚

音标字母表

使用音标字母表，可以在打电话和使用无线电通信时，确保对方准确接收字母。

字母	代码	字母	代码
A	Alpha	N	November
B	Bravo	O	Oscar
C	Charlie	P	Papa
D	Delta	Q	Quebec
E	Echo	R	Romeo
F	Foxtrot	S	Sierra
G	Golf	T	Tango
H	Hotel	U	Uniform
I	India	V	Victor
J	Juliet	W	Whiskey
K	Kilo	X	X-ray
L	Lima	Y	Yankee
M	Mike	Z	Zulu

贝尔的话

出国之前，要提前了解当地的报警电话号码，并储存在手机里。

不同的地形，不同的信号

不同的地形需要不同的通信方法。以下简要总结了适合不同地形的通信手段。

旷野和草地

信号弹、旗帜、闪光或火焰等视觉信号非常适合此类区域。从山丘或山脊上发送的信号特别显眼。除偏远地区外，电话和无线电也可以正常运作。

丛林和林地

在树林里很难发送信号。植物会遮挡住闪光、旗帜，甚至烟雾和火焰，还会屏蔽无线电和手机信号。不要在干燥的森林里点火或使用信号弹。喊声或哨声也会被植物阻挡。寻找空地、高地或开阔的水面来发送信号。

沙漠

在开阔的沙漠地区适合使用视觉信号——如果有人能够发现的话。旗帜、信号弹、闪光、火焰和烟雾，甚至是写在地上的信息，都很容易被飞行员注意到。迷路或受困的时候待在阴影或抛锚的车里，这些都很容易从空中被发现。

海上

海事领域有专用的发信方式。灯塔和浮标标示出了危险的水域。船只之间可以用无线电、卫星电话、灯光和旗帜交流。在小船里或落水的时候，使用闪光、哨声、信号弹或染料来发送求救信号。点燃信号弹的时候要特别小心。直升机可以用绞车救援幸存者。

山区

峡谷和山谷会阻挡视线和无线电信号。爬到高于树木界线的山脊或山峰上，用闪光、信号弹、旗帜、火焰或肢体信号求救。在山地救援信号中，六次闪光或哨声表示紧急情况。回应方式是三次闪光或哨声。

极地

视觉信号在极地的使用效果很好。鲜艳的颜色、人造图案、闪光、火焰、烟雾和染料在雪地上都很显眼。没有保暖措施的话，电池甚至哨子都会在极地中冻结。实施空中救援的可能是装有雪橇的飞机，而不是直升机。

桂图登字: 20-2016-331

图书在版编目（CIP）数据

险境求救信号20种 /（英）贝尔·格里尔斯著；邢立达译. —南宁：接力出版社，2017.11
（荒野求生技能手册）
书名原文：Signalling
ISBN 978-7-5448-5126-8

Ⅰ.①险… Ⅱ.①贝…②邢… Ⅲ.①野外—生存—少儿读物 Ⅳ.①G895-49

中国版本图书馆CIP数据核字（2017）第241611号

责任编辑：车　颖　袁怡黄　　美术编辑：林奕薇
责任校对：刘会乔　　责任监印：刘　冬　　版权联络：王燕超
社长：黄　俭　　总编辑：白　冰
出版发行：接力出版社　　社址：广西南宁市园湖南路9号　　邮编：530022
电话：010-65546561（发行部）　　传真：010-65545210（发行部）
http：//www.jielibj.com　　E-mail：jieli@jielibook.com
经销：新华书店　　印制：北京瑞禾彩色印刷有限公司
开本：710毫米×1000毫米　1/32　　印张：3　　字数：50千字
版次：2017年11月第1版　　印次：2022年11月第2次印刷
印数：30 001—33 000册　　定价：19.50元